The Cat
Who
Taught Zen

The Cat
Who
Taught Zen

James Norbury

走過，才知你的存在平凡又特別

詹姆斯・諾柏瑞

詹姆斯·諾柏瑞作品集

《在黑暗的日子裡，陪伴是最溫暖的曙光》

《在迷失的日子裡，走一步也勝過原地踏步》

謹以此書獻給動物們，

也獻給人師、信差，還有最重要的——朋友。

離這兒很遠處，有座城市。

那座城坐落在一條大河的岸邊。

同時也是成千上萬的人家。

但這不是一個關於人們的故事。

這是一個貓貓的故事。

而在這個寒冷的秋夜，他跟他最最最好的朋友，鼠鼠，一起在躲著雨。

雨從屋頂上溢出來，冒著泡泡滾下了排水溝。
城市的人們駝著肩膀抵禦著傾盆大雨，匆忙地奔回家。

貓貓看著他們。

過了一會兒，他扭頭看著鼠鼠說，
「我找了很多年，
但還是有那麼多事情我不了解。」

「你說你在尋找的東西是什麼？」鼠鼠說。

貓貓嘆了口氣。

「我要是知道就好了。

祥和？

接納？

也許是一個理解這世界的辦法⋯⋯」

「所以都不是什麼很困難的東西嘛，」鼠鼠說著溫暖地笑了。

「也許我可以幫上忙──我聽說在離這兒很遠的地方，

在壟罩著山谷的楓樹林深處，

有一棵古老的松樹。

而誰能坐在那棵樹的樹幹之間，誰就能

獲致無人曾臻至的祥和與領悟。」

真的嗎？貓貓問。

鼠鼠點起頭。

「那我的路徑就很清楚了，我這就出發。」

貓貓於是揮別了他的朋友，悄然無聲地從牆上一躍而下，
循著老路而去，出了城，向著山谷前進。

貓貓的旅程進行了許多個小時。

隨著黃昏降臨在大地上，他看到了火焰的輝光

自遠方的洞穴射來。

渾身濕透又冷到不行的他決定賭上一把。

貓貓謹慎地瞅進了洞穴。

讓他意外的是，一隻野兔正在火邊把自己烤乾。

「喔……哈囉，」野兔說，感覺有點被嚇到。

「過來跟我一起，你怎麼會跑來這裡？」

隨著天光徹底黯淡下來，

貓貓滿懷感激地在火邊坐下。

「我是個靈性的旅者，」他說，

「我在尋找那棵長在楓樹之間的古松。」

「是喔？」野兔說，

「那你是怎麼會走上這條路的呢？」

貓貓想了想，

「我想那得從很多年前說起，當時我還是隻小貓。」

「一年一度，一頭睿智的大龍會造訪我居住的村子。

任何人來找他，大龍都會跟他談話，也都會為其指點迷津，提供智慧。」

「我很喜歡去找他，日復一日。

但在當時，我是個小屁孩，以至於每次
去找他，我都忍不住會手腳不乾淨
——一顆梅子，若干線香。

而有一回，我必須懷著羞愧承認，我偷了他那枚漂亮、
被當成寶貝的小鐘。」

「有一天，我又去找大龍，但他卻不見人影，
而在他平常待的地方，有一份署名要給我的紙卷。」

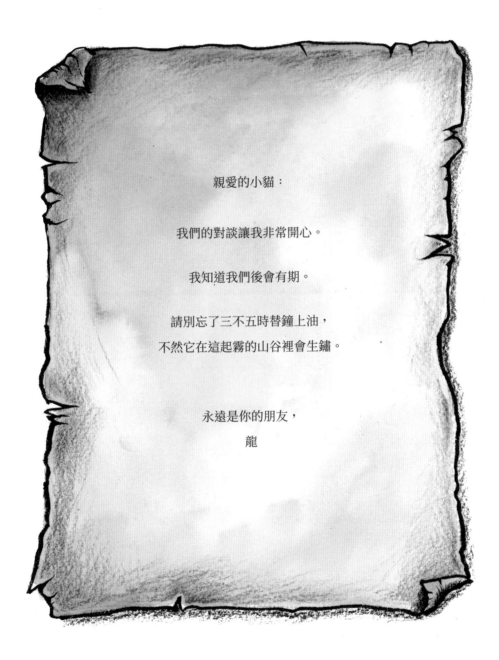

親愛的小貓：

我們的對談讓我非常開心。

我知道我們後會有期。

請別忘了三不五時替鐘上油，
不然它在這起霧的山谷裡會生鏽。

永遠是你的朋友，
龍

「嗯，你可以想像，我愧疚到多麼無地自容，但更重要的是，

我不敢相信大龍竟然對我如此包容，

他明明從頭到尾都知道我是個小偷。

這種寬大為懷的表現，深深影響了我。

這在潛移默化中讓我了解到，一個人的行為可以啟發身邊其他人的改變。

我下定決心要延續大龍的善舉。

我就是這樣走上了這條路。」

「原來如此，」野兔說，

「所以一開始想效法大龍的教誨，你都做了什麼？」

「嗯，一開始的我不太得法，」貓貓說，「而且我犯了很多錯誤，
但我覺得有幾件事情讓我脫胎換骨。」

「願聞其詳，」野兔說。

「嗯，」貓貓說，「我依舊每年都會去拜訪大龍，而每回見面，
他都會用一些分享來改變我的想法。
所以我必須說第一件改變我的事情是……

……持續學習。

新觀念可以幫助我們成長，避免我們
重蹈覆轍，一錯再錯。

New ideas can help us grow and avoid
repeating the same mistakes.

抱持著一種永遠以生活為師的意識，
我們學到新東西的難度就會降低。」

It's easier to learn when you realize
life is always trying to teach you something.

「在沉默中自處，

體認自然的寶貴，

秉持正念且尋求祥和。」

「大自然不會說話，
但它其實有話要跟你講。」

'Nature has no words
but it is trying to tell you something.'

「我曾聽人說過，
最重要的既不是旅程，也不是目的地，
而是旅伴。」

'I once heard someone say,
it was not the journey or the destination that mattered most,
but the company.'

「多與那些能帶出你最好一面的人相處。」

「要是你身邊沒有這樣的人呢?」野兔問。

「不論我們去到何方，我們都是自己的旅伴，」貓貓說。

「這就是何以我們必須試著去當自己最好的朋友，溫柔地對待自己。

畢竟我們花最多時間相處的，就是我們自己，

而且我們都有一個習慣是很認真看待自己的意見。」

「溫厚與感恩是兩種我覺得很難學會的特質，
　　但它們可以在很多方面幫助到我們。

　　　　它們不花你一毛錢，
　　但它們的價值沒有最高，只有更高。」

「只要你曉得了溫厚可以如何改變你的生命，

你就會一有機會就操持它。

而當然，如果你的溫厚排除掉了

你本人或你覺得難搞的那些人，那這就不是一種完整的溫厚。」

And, of course, if your kindness does not include
yourself or those you find difficult, it is incomplete.

這兩隻動物一路聊到深夜，直到終於，
他們睡著在柴火餘燼的旁邊。

早晨破曉在山間，但當貓貓終於醒來時，

野兔已不見人影。

在他原本待的地方，留下了仔細用葉子包好的食物。

貓貓微笑著，感激地收下了野兔這慷慨的禮物。

晨光燒盡了霧氣，

而貓貓，肚子飽飽的，開始沿著山徑前行。

他的旅程才進行了幾小時，就聽見一道沙啞的呱呱聲
打破了寂靜。

一抬頭，貓貓見到的是一隻烏鴉棲息在枯樹上，
尖叫著，拍動著翅膀。

「烏鴉，」貓貓呼喊著，

「怎麼了嗎？」

　　烏鴉飛下來到一個低處的樹枝，歪頭瞅著貓貓。

　　「有夠大膽！」她怒斥著。

　　「有人偷了我閃亮亮的東西。我大費周章才弄到手的東西，這下子被人偷了。

　　　　　　　　氣死我了。

　　　　我本來要拿去讓一個朋友羨慕的！」

「事情或許不如妳想的是災難一場，」
貓貓說。

「噗！」烏鴉咒罵了一聲，「你知道什麼？」

「這個嘛，」貓貓說，「請容我跟妳說個故事，主角是我曾經認識的一隻小龍，
他的祖上是曾經會拜訪我家村子的那頭大龍。」

「他的名字是小小龍，而有一天，在去拜訪他朋友大熊貓的旅途中，
他發現了一樣絕美的東西：一大塊海水綠的水晶，
當你凝望進去，那感覺就像當中包含了全世界所有的奧祕。」

「但小小龍太過專注於望進那塊水晶，
以至於走著走著，他絆了一跤，把水晶掉在了他纖細的龍腳上。」

「嗯，想也知道他痛得哇哇叫。他覺得自己的骨頭好像斷了，所以只得暫停旅程，一跛一跛地過了橋，來到一處廢棄的隱修庵。」

「小小龍在自憐自艾之餘，在一塊石頭上坐下。
這下子大概得多等一天，他才能與大熊貓相見。」

「幾小時過去，小小龍思考著他能否拚著腳傷繼續上路，
　　想著想著天空破了個洞，傾盆大雨降了下來。」

「暴風雨肆虐著。

雷電撕裂著天際，地面不住地晃動。

小小龍窩在隱修庵的角落，把水晶緊緊抱在胸前。」

「等風暴終於氣力放盡，

小小龍小心翼翼地探頭到隱修庵外。

令他沮喪的那一幕是橋塌了。

他感到自己受傷的腳很不穩，並判定自己無法冒險從瓦礫間尋著路前進。

沒了鬥志的他決定在隱修庵過夜，

並在生著蘚苔的石頭上坐下，

看著竹子在風暴的餘波蕩漾中搖曳。」

「真的好美啊。」

「夜幕降下在林中，小小龍一跛一跛回到了隱修庵內的棲身之所。」

「他坐在那兒注視著暗處，不料某樣東西似乎在樹林間蠢動。

小小龍感到一陣名為恐懼的寒意。

但他沒有躲藏起來，而是壓抑著害怕的心情，
眼看著一頭巨獸挾著沉重且強大的身軀，踏進了月光裡。

他從來不曾見過此等的龐然大物，
但他聽過大熊貓的描述，於是他確信那就是頭雄鹿。

雄鹿佇立了一會兒，雄偉中帶著狂野。
小小龍懾於了那幅光景的無比壯闊。」

「透過小小龍的勇氣，

黑暗化成了美麗，

恐懼蛻變為驚奇。」

'Through Tiny Dragon's bravery,
darkness had been transformed into beauty,
and fear into wonder.'

「小小龍就這樣看著，直到雄鹿與葉影融為了一體。若非傷了腳，
他也無緣見到人生中這一幅不可思議的景致。」

「小小龍爬上了他急就章的小床，心裡想的是……

不曉得明天還有何等的神奇在等著。」

「隔天早上，小小龍覺得腳已經有了力氣，旅程可以繼續了。

但此時的水晶卻變得愈來愈沉重，於是喜歡歸喜歡，
小小龍還是決定要拿水晶去與一名路過的商人交換東西。」

「但商人搖了搖頭說，『這東西太普通了，』
他說，『全無價值可言。』」

「但小小龍一想起他在找到這塊水晶之後所有過的經驗，

那些美好與磨難，

恐懼與喜悅，

他不是很確定這東西於他真的一文不值。」

「所以那塊水晶於他有所裨益嗎？」貓貓若有所思地說，

「天曉得。

按照小小龍看待它的方式……或許吧。

我的重點是，烏鴉朋友，有些我們以為的壞事，繞了一圈會變成好事，
而某些我們一直巴望著的事情，最後卻會讓我們受到傷害。」

My point, friend Crow, is that sometimes what we think is
bad ends up good, and something we have always wanted,
ends up harming us.

「花朵可以開在最不可思議的地方。」

'Flowers can bloom in the most unlikely of places.'

「我想我懂，」烏鴉說。

「命運領著我們踏上一條蜿蜒的道路，
而即便局面看起來多麼不利，我們都無法真正知道事情最後的結局。

我會試著把這一點謹記在心，
這樣遇到事情不如意時，我或許就不會那麼受打擊。」

烏鴉對貓貓點了點頭，然後她大大的黑色羽翼一個拍動，

將她帶到了空中。

貓貓目送著烏鴉，直到她消失在霧中。

終於他繼續上了路，但沒過多久，長著瘤的橡樹逐漸進逼，
貓貓發現自己身處於一片黑暗而糾結的森林中。

沙沙聲打破了寧靜，

從荊棘中冒出一頭孤獨的小狼，看上去有點孤苦伶仃。

「哈囉，」貓貓說，「你怎麼一個人在這裡？」

「大人都去狩獵了，」小狼說。

「他們不讓我去——

所以我只好一個人待在巢的附近。

我本想好好睡一覺，結果我做了一個很奇怪的夢。」

「你要跟我說說那個夢嗎？」貓貓問。

小狼一開始有點遲疑，但反正閒著也是閒著，而且那個夢讓他感覺一頭霧水，

他於是在貓貓旁邊安頓了下來。

「在夢裡，我被一條大狗追著。

我怕得要死，心裡想著要是我跟我們狼群的領袖一樣壯、一樣強就好了。

那樣我就不用怕狗了。

然後突然間，

我就神奇地化為了一頭會讓人退步三舍的巨狼。」

「於是我追著狗跑，想要嚇走他，但很快我就感覺到又熱又累。

然後我看到一條河。水流得很快、很涼，就這樣穿過了土地，
而我真希望自己也能跟河流一樣。

然後突然之間……

我成了河流。」

「我流得很快，但沒一會兒我就融入到了大海，

成為河流的興奮感也蕩然無存。

如今我成了靜水深流，但我有種被困住的感覺，無聊了起來。

我一抬頭，看見一頭大大的老鷹在高聳的雲層中穿梭。
我心想那感覺該有多奇妙啊，然後我才這麼一想⋯⋯

我變成老鷹了！」

「惟變成老鷹的我強大歸強大，但年紀有了，生命也接近了盡頭。

在底下我看到一頭小狼在跟兄弟姊妹玩耍，

然後我想著她玩得該有多愉快，

她還有整段人生在前面等著她。

然後我就醒了過來……」

貓貓默默聽著，然後等小狼講完夢境後他問，

「所以，妳覺得這個夢的意思是什麼？」

小狼想了想……

「也許，」他靜靜地說，「我們每個人都有可以送給這個世界的禮物，而我們都應該為了這些天賦歡呼，而不是看著別人有的東西羨慕。」

'Maybe,' he said quietly, 'we each have our own gifts to offer the world,
and we should celebrate them, rather than wishing we had someone else's.'

貓貓點頭微笑。

「謝謝你，」小母狼說。

「我什麼都沒做啊，」貓貓說。

「你當了我的聽眾，」小狼說，

「那比什麼都足夠。」

小狼掉頭跑回了森林，貓貓則繼續往前走。

走沒多久，樹林就退了開來，把空間讓給一座大廟的空地。

貓貓沿著岸緣

走在一方湖泊的邊上，然後他慢慢聽到了不尋常的含糊咕噥聲。

慢慢走近，他看見石燈籠上有一隻小猴，在那兒惶惶不安地喃喃自語。

小猴察覺到貓貓的出現，先是專注地瞅著他，
接著便用問題與各種牛頭不對馬嘴的發言轟炸他。

　　「你是誰？

　　我比之前更餓了。

　　你找我有事嗎？

　　天快下雨了⋯⋯

　　你來這兒做什麼？」

「我來這兒，」貓貓說，「是因為我在尋找古松。
　　據說能在那棵松樹樹幹上打坐，
　　就能獲得無上的祥和平靜。」

「平靜！」小猴說，「要是我也能獲得一點祥和平靜就好了。
我的思緒——它們快把我逼瘋了。」

「來跟我坐，」貓貓說。

「這座湖，」他接著說，「是由一條河流餵養的。

只要聽得夠仔細，你就會聽見。」

小猴把頭斜向一邊，傾聽了起來。
但他什麼也聽不見。

他試著更加專注，豎直了耳朵，捕捉起
微弱至極的流水聲。

「不成，」他最終說道，「我就是聽不到。
也許我需要像你那樣大大的貓耳朵？」

「你聽不聽得見河流都不是重點，」貓貓說，

「但請你告訴我，就剛剛的那最後幾個瞬間，你的心靈是忙還是不忙？」

小猴這才恍然大悟，自有記憶以來第一次意會到，

他奔放的思緒平靜了下來。

「剛剛有那麼一個瞬間，」貓貓說，

「專心聽河的你心中沒有了過去，也沒有了未來，

你所有的思緒都不復存在。

那只是驚鴻一瞥，但你已經看到了我們每個人內心都有的平靜。」

小猴一動不動，也一聲未吭。

他只是看著燕子掠過水面，然後
感受著秋風微微地撫上他的一身毛髮。

貓貓任他享受著他專屬的平靜，然後
往前走向了廟宇的花園。

他看見在草中央，棲息著一隻年邁的陸龜，身子藏在她的殼裡。

陸龜緩緩地探出頭來。

「哈囉，」貓貓說，「這地方真美。」

「確實，」陸龜說。

「但我厭了櫻樹林，也倦了紋風不動的湖泊、終日無休的潺潺溪流，
還有風吹入林那不間斷地嗡嗡嗡。

建築一成不變，每天迎來的都是相同的
太陽、雨水與雲朵⋯⋯

一而再再而三。」

「妳對生命感到了疲乏，」貓貓說。

陸龜點了頭。
「只要運氣別太差，我的大限終將來臨，
屆時我就可以拋下這個乏味的世界遠去。」

「我有一樣東西或許幫得了妳，」
貓貓說著用爪子去沾了沾石燈籠那濕潤的燈灰。

然後在平坦的大石頭上寫起了字。

每一瞬間都是一處獨特的地點
在這個專屬於你的世界。

把握當下去好好品味，
因為你只會走這一遭。

Each moment is a unique place
in the world just for you.

Savour it now,
for you can never visit it again.

陸龜瞅了一眼貓貓的題字，

然後緩緩地——不緩她就不是烏龜了——望向了貓貓，

臉頰上掛著淚。

「我從來不曾這樣想過，」她說。

「我一心只盼著這個瞬間趕緊結束，

只希望下一個瞬間能夠好一點，能夠以某種方式填滿我

……但那從來都只是一種奢求。

而如今看了你寫的字——我懂了。」

「我凡事見多了，貓朋友。

一百個夏天，一千座寺廟，一百萬顆星星，

但我曾經真真正正去聞過一朵花嗎？

嗯……我等不及要這麼做了。

謝謝你。」

而隨著貓貓走開，陪在陸龜身邊的
不僅僅是她的花，還有一種希望。

貓貓感覺到某種強大的東西在他內心深處擾動，
因為他覺得自己從離開城市之後所行出之善，
已經超過了他不問世事、眼裡只有自己的那些年加總起來。

光線正在變暗。

貓貓才在想著要不要找個地方過夜，
就聽見牙齒與爪子炸開的聲音，迸發自樹林間。

老虎舉起了他龐然大物般的利爪，嘶吼了起來。

「啊，」貓貓說，「苦難的大門就此開啟了。」

「你說啥？!」老虎怒吼了一聲，
「你應該要怕得要死才對。我此時此刻就能要了你的命。」

貓貓端詳了面前這個怒不可遏的生物一會兒。

「你在創造你專屬的痛苦，老虎朋友。

你以為力壓我可以讓你感覺到強，感覺到壯，

但那當中不會有你尋尋覓覓的滿足感。

那永遠不會有足夠的一天，你只會因此活在憤怒中，覺得少了什麼。

我要是錯了，儘管糾正我，但我想你上一次

這麼做的時候，你的勝利應該感覺很空虛、很短暫吧？」

老虎愣住了。

他回想起自己做過這種事無數次的經驗，
品嘗著他的力量與威猛是如何引發了獵物眼中的恐懼。

但就像貓貓說的，那種快感從來都只是稍縱即逝，
他很快就得重新設法去把恐懼打進森林中各種動物的心中。

貓貓看著老虎的怒火慢慢消解。

他的爪子與利齒縮了回去，目光也軟了下來。

一種困惑，甚或是好奇的表情，在他的臉上擴散開來。

老虎幾秒鐘前還很十拿九穩的想法，

如今已經動搖了起來。

「啊，」貓貓說，「平靜的大門開了。」

老虎沒有出聲。他看著自己的其中一隻大虎掌，

將當中的利爪像匕首似地一收一放。

「也許我錯了，」他說，

「我已經氣呼呼好久了。

我一直以為高身邊所有人一等可以讓我有種莫名的快感。」

「光是不用去搶當那個最好的，心情就輕鬆了好多——好平靜——
不知為何有種找回自己的感覺。」

'Just the idea of not trying to be the best feels so good–so calming–
I somehow feel I have come back to myself.'

驚豔於貓貓所說的話與降臨在他身上的平靜，

老虎問他可否陪伴貓貓走一段路。

貓貓同意了，然後在

一棵大橡樹的樹幹間過了一夜後，

他們蓄勢要繼續朝山谷前進。

隔天一早，霧氣覆蓋了大地，

貓貓有點擔心他會迷路，但老虎對這一帶很熟。

「坐我背上，」他說，「這樣我們可以走快一點。」

「你一直都是一個人旅行嗎？」老虎說。

「在我心裡，是的，」貓貓回答，

「但我在學著改變。」

「我從來沒有朋友，」老虎說。

「我們兩個陌生人竟然能相處得來。」

「我們的靈魂並沒有那麼不同，」貓貓說，

「內心深處，我們有著一樣的需要。」

'How odd that we two strangers should get along.'
'Our souls are not so different,' said the Cat.
'Deep down, we need the same things.'

「真奇怪，」

貓貓說，「我昨天還在跟一隻烏鴉聊說你永遠想不到世事會如何開展。

我成為你昨晚的大餐是完全可能的事情，

而如今的你卻在這裡，幫助我推進我的旅行。」

「確實，」老虎說，「但你的舉措都是出自仁心，

所以或許這個宇宙在眷顧於你。」

這讓貓貓愣了一下，於是又一次，

他回想起了在城市裡的自己，以及

他曾經多麼滿腦子只有自己跟自己要走的路。

「也許吧，」他過了一會兒說。

「但有件事情我很確定，」
貓貓說，「那就是我愈是不嫌麻煩地去幫助別人，我的生命就益發顯得豐富。」

「就像在播種，」老虎說，

「一點點耕耘，或許，卻有滿滿的收穫。」

'Like sowing seeds,' said the Tiger.
'A little work, perhaps, but so much to reap.'

他們旅行了大半個上午，來到了一處岔路。

其中一條路驟升，路面崎嶇而險峻。

另一條寬闊而無阻，穿行過霧中。

有一道路標立於岔路當中。

「那條路通往大樹，」老虎示意，而他指的是那條難走的路。

「何處有險阻，何處往往就有出路，」貓貓心想。

'The obstacle is often the path,' thought the Cat.

貓貓與老虎在長草堆中坐下。老虎轉頭對貓貓說，

「你的話一直在我腦中盤旋。

我可以感覺到有什麼東西在我內心改變，我想要走一條新的路徑。

但我還『沒怎麼』準備好開始。

我見過了廟中的僧侶，他們有特別的蒲團

跟薰香與蠟燭。他們還有智慧滿到溢出來的書。

我需要獲取完那些東西再啟程。」

「那道路標，」貓貓說，「不是目的地。

它只是為我們指出目的地在哪裡……

同樣地，書本並不是道路，

雖然它們確實能幫助你找出道路。但就像路標一樣，

如果你把時間都花在研究路標上，

那你就永遠到不了你要去的地方。」

「讓我跟你說個故事。

從前有位女士身無分文，她每天都會坐在路邊，
希望有陌生人能施捨她幾枚銅錢，
好讓她能去買吃的。她過了許多年這樣的日子。我常會去看她。」

「我們固然不說話，

但我們理解對方。」

「有天我注意到她總拿來當椅子坐的箱子裂了，裡面的銅錢閃閃發光。

嗯，我知道那些錢可以幫助到她，

所以我用鼻子蹭了蹭箱子，但她只是帶著微笑，摸著我的毛。」

「我天天都在那兒蹭箱子,喵啊喵,直到有天
　她好奇心發作,仔細查看了一下。

她一注意到箱子裡的銅錢,嚇了一大跳。」

「她拿著那些錢的第一件事，就是衝去給我買食物跟毯子。

她心地就是這麼善良。

她很寵愛我，把我當成她好運的源頭。

但我只是個信差罷了。」

「那位女士一直都坐擁著寶藏，
她只是需要有人叫她往箱子裡瞧。

而雖然她現在已經不再窮困潦倒，她也沒有變一個人，
她只是變得更有能力去做那些她覺得要緊的事情了。

她幫助有需要的人，
因為她是個有智慧的人，她知道助人為快樂之本。」

老虎坐著沉思了一會兒，然後扭頭看著貓貓。

「所以你是說我應該現在就跨出第一步，

不覺得自己準備好了也無妨嗎？」

「比較好的做法確實是讓旅程開始，犯點錯，然後慢慢調整方向，而不是等著一切都臻於完美，乃至於永遠跨不出第一步。」

'It is better to begin the journey, make some mistakes and correct your course, than to wait until everything is perfect and never even start.'

「我明白了，」老虎說，

「那麼我想是時候了，我應該要獨自走上新的道路了。

謝謝你，貓貓。」

　「所以你打算選哪一條路？」貓貓看著眼前的兩條路問。

　　「都不選，」老虎說，轉身面向森林。

　　「我要走自己的路。」

貓貓看著老虎消失在葉茂的陰影中，
兀自微笑著。

前路看來艱難險阻，雖然一心想要抵達古樹，
貓貓仍決定隔天一早再繼續旅途。

貓貓在雨中醒來，但他仍不畏風雨地往前走。

傾盆的冰雨浸濕了他的毛皮，寒徹了他的貓骨。

但沒有什麼能把一隻下定了決心的貓咪拉住。

時間來到正午，貓貓已經抵達了谷地裡的高坡，

他確信他可以在這裡看到鼠鼠口中的那棵樹。

那厚實而生著瘤的枝幹，聳立於其餘的森林之上。

貓貓感覺內心湧出了一股興奮。

他下得山去，進入了楓樹林。

貓貓停下腳步，聽了一下噼哩啪啦打在樹冠上的雨聲。

這著實是個充滿魔力的所在——他感覺得出來。

貓貓注意到前方有什麼東西在林道上移動。

靠近一看他發現那是隻小貓，
一隻全神貫注在追逐著秋葉的小貓。

貓貓靠近過去，

直到小貓雖然奮力在對付那根非常不乖的樹枝，

卻也不禁注意到了貓貓的存在，

並一躍而鑽進了一堆樹葉下。

「哈囉，」小貓咧嘴一笑，

「你來這裡做啥？」

「我在出一趟非常重要的任務，」貓貓說，

但沒有慢下步伐。

「你有著像在找尋什麼東西之人的眼睛，」

小貓邊說，邊蹦蹦跳跳地追著他，

「你餓嗎？你在找什麼？」

「說了你也不懂，」急於趕路的貓貓說。

「說說看嘛，」小貓一派樂天地說，「我比看起來聰明。」

「很對不住，」貓貓說，「也許下一回吧。」

「但你的朋友呢？」小貓說。

「這趟旅程我不需要朋友。」貓貓答道，
聲音裡開始流露出一絲不耐。

「我一個人挺自在的。」

「但朋友有一種魔力，」小貓說，

「好事跟朋友分享，

會比一個人獨享更加快樂。」

'But friends are like magic,' said the Kitten.

'When you share something good with a friend,

you somehow get more than if you'd kept it to yourself.'

「遇到困難只要跟朋友說，感覺就會莫名地好一點，

即便他們也不知道該如何把事情搞定。」

'And if something isn't right, just telling your friend can make it seem

better, even though they might not know how to fix it.'

貓貓低頭看著小貓，

這隻顯然很能自得其樂的小貓，嘆了口氣。

「事情要是那麼簡單就好了。現在你要是不介意的話，

我得接著趕路了，對於我的這種『魔力』，

獨處是必需品。」

貓貓加快了腳步，留小貓去玩他的樹葉，自顧自地在林道上往前走。

他有點後悔不該對小貓那麼嗆，但凡事都有輕重緩急，
之後總會有時間去管小貓說的東西。

然後……

終於

從林地間升起的是貓貓此生見過

最宏偉的一棵樹。

鼠鼠說的話一點也不誇張。

這是一尊令人嘆為觀止的典型，樹的歲月比森林本身還漫長。

貓貓可以感受到一股強大的靈性能量。

他靠近了樹身，並小心到不能再小心地爬上了
低垂的樹枝。

他精挑細選了一處乾燥的區塊，坐下冥想。

「啊⋯⋯」貓貓心想，「這就是了，
這就是我一直在尋找的目標了。」

他閉上眼睛，讓樹的力量作用在自己身上。

一開始貓貓確信他感受到了什麼，或許是一種能量，還是一種靈性的力量，
但坐著坐著，他開始覺得那感覺跟他
在城市外的老欅樹下坐著時沒什麼不一樣。

「或許我只是需要多坐一會兒，」貓貓心想，
「也許我的心靈還沒有清空。」

但時間慢慢過去，貓貓還是沒有什麼特別的感受。

直到，突然之間……

松針與枯木砸了下來，
一坨溼答答又毛絨絨的東西也一併從上頭落下，
正中在他身上，將他從樹枝上打下。

貓貓往後一躍，又是哈氣又是怒吼。

「你好大膽，敢打擾我的祥和平靜！」

但小貓只是滾到了他前面，笨手笨腳地站了起來。

小貓看起來既不害怕也沒有怨言。

貓貓看著小貓，內心產生了某種改變。

一種跟奇樹毫無瓜葛的改變。

然後他露出了燦爛的、誠摯的微笑。

一道他已經許多年不知道為何物的微笑。

貓貓坐在雨裡，看著濕透了的小貓在林地間跑來跑去，開心地追著葉子玩，
終於他明白了自己為何在這裡，他缺少的又是什麼。

他意識到歷經這些年獨自的修持，

他唯一聚焦的只有自己。

而他回想起自己的旅程，

還有一路上他幫著找到一些祥和平靜的動物朋友：

野兔、烏鴉、陸龜、小狼、小猴，還有老虎，

然後他意識到什麼樹不樹的，從來不是重點。

重點是他要把人生中學習到的一切拿出來，

要把他得到過的所有禮物拿出來，跟他人分享。

還有那些曾經遭到他忽視的小事，其實

正是他一直以來最應該去關注的事情。

一種對小貓深切的關懷，擴散在他的體內，
這些年來他第一次真正感覺到了祥和平靜。

沒有渴求，
也不想在他身外尋求什麼。

誰會想到是一隻笨手笨腳的、濕漉漉的小貓，

跟他輕柔、沒有條件的溫厚，

為貓貓指明了方向。

貓貓並沒有忘記只不過在昨天，他還在高談闊論著

你永遠不會知道什麼最終對我們會是好事，什麼又會是壞事。

「謝謝你，」貓貓說，

「你讓我領悟了話語永遠教不了我的事情。」

小貓追著自己的尾巴跑，然後略顯失望地看向了貓貓。

「我不懂你的意思，」他說。

「你願意讓自己不懂——那就是你最大的力量所在，」貓貓說。

「我在這裡拚了命想搞懂一切，想追尋真理。

而你才做到了在當下感到喜悅，

不去質疑緣由——

在身邊那些簡單的事物中看到價值，並試著去結交朋友。」

雨變成了霧，太陽低垂在空中。

「我很樂意跟你做朋友，」小貓說。

「我也是，」貓貓說。

他們在大樹提供的庇護下坐了一會兒。

然後小貓看向了貓貓。

「所以你想找的東西，找到了嗎？」他問。

「應該是找到了，」貓貓答道。

「我明白了我們想要的東西，很少是我們真正需要的東西。
而我們需要的東西，卻幾乎都不是我們想要的東西。」

'I've learned that what we want is seldom what we need.
And what we need is almost never what we want.'

小貓看著貓貓，他又懵了。

「這個嘛，」貓貓說，

「我們不想要的那些東西會帶給我們挑戰，會讓我們感到挫敗。

所以我們常會巴望有什麼『神奇的』辦法可以一口氣解決我們全部的問題。

但有的時候，正是這些問題與掙扎逼使我們去面對自己，

並在這麼做的過程中，

我們認識了自己，我們變得更加堅強，

我們開始看到什麼是真正有價值的東西。

然後我們便能開始用新的雙眼去觀看這個世界。」

「當然，」貓貓說，「生命不會永遠按照計畫進行，而我們
也不會永遠都有風度跟智慧去從自己的問題中學到教訓。」

「我們無法確知最終結局，反而能讓我們在黑暗裡懷抱希望。

秉持著信念，相信你目前面對的問題有某種隱藏的正面意義，
這樣你就能獲得力量，在這樣的經驗裡堅持下去。」

貓貓站起身，最後看了一眼古松，
然後作勢要離開。

小貓的臉一沉，他不希望他的新朋友就這樣離開自己，
但也許貓貓是對的。也許再次孤單一人是一種焉知非福。

「你要回家了嗎？」小貓輕輕地問道。

「我來此是因為我有事情不懂，」貓貓說，

「而即便有在這裡發生的種種，

我恐怕還是有很多事情等著我去探索。」

「但有件事我是知道的，小貓朋友，

　　那就是不論前面有什麼在等待，

　　有你在的一切就不會那麼壞。」

「美麗人生的祕訣不只在於古老的樹木，

或滿天的星斗。

而在於樹葉中、泥巴裡、雨水中。

在於你，在於我，在於被我遠遠拋在身後、熙來攘往的城市中。」

'The secret to a beautiful life is not just
in an ancient tree or a star-filled sky.

It is in the leaves and the mud and the rain.

In you and me and in the bustling city I left far behind.'

全劇終

結 語

禪可以是一種讓人十分混淆的概念。有人可能一聽到禪，想到的就是從白色極簡公寓到僧人獨自在靜默中坐著的種種意象。對我而言，禪不過是一種存在方式，重點是這種存在方式的培養能為我們帶來平靜，也為我們的人生帶進更多智慧。

禪的一個基本特色就是它幾乎無法言喻，就像一顆桃子的滋味，你想理解它最簡單的辦法，就是去親身體驗它。讓人比較遺憾的是，大多數人都難以參透禪的深意。

在本書中，我嘗試用一種比較實際的方式去逼近禪，為此我取用了禪的一些觀念與故事，並透過日常的語言去讓人能夠聽懂，能夠應用。為了做到這一點，我精選了關於禪的若干傳統故事，這些故事幾百年來，都被人用來以潛移默化的方式點出禪想傳達的意念。

我花了不少時間鑽研禪理，然後才精挑細選，敲定了我覺得放在本書裡效果會最好的故事。那當中有些是全新的故事，而雖然我希望這些故事可以確實捕捉到禪的真諦，我必須說它們有些是我擅自的發明。

我選擇了這些故事，主要是因為它們含有你們不論過著什麼樣的生活，可以立即融入到日常中的觀念。比方說，在小猴的故事中，他意識到只要暫時轉移焦點，整個世界就會變得不同——這就是我們可以隨時拿來實驗看看的概念。同樣地，我確信許多讀者都曾有過陸龜的感受，但我覺得「我當下所處的狀態將再也不會出現第二次」，確實是個能為我們日復一日的平凡生活添加某些深度的念頭。大家讀到這裡，就可以先扣著這個想法琢磨琢磨。

我們很多人都會遲疑，都會不敢對新事物跨出第一步，都會像老虎一樣在等待正確的時機。我會有這種感覺，通常是在我要寫一本新繪本之前，或是在我要為一本書寫下結語之前，但經驗告訴我應該放手去做，不求整齊，也不懷著什麼預期，而每一回只要我做下去了，世事就會為我再演示一遍，什麼叫船到橋頭自然直。

我同時也讓禪的哲理去作用在本書的繪畫中。雖然許多幀圖像都還是沿用著傳統的風格，但其中一些運用了一種叫作「墨繪」（すみえ；su-mi-e）的技法，那是幾百年前通行於東亞，用黑墨在特製紙張上作畫的技術。墨繪作品極度地隨性並相信直覺，畫家不會真的有餘裕去吹毛求疵或關注細節。濃厚的黑色撇捺在纖細的米紙上給予人欲罷不能的視覺享受，同時這些材料的互動則創造出了各式各樣看似隨機但又美不勝收的圖案與效果。

那最終的圖像，實則是自然所賦予，而那當中其實就暗暗在傳授我們一件事情：該放手就要放手（這又是一個美好的禪理）。第 15 ／ 17 ／ 19 ／ 21 ／ 46 ／ 53 ／ 59 ／ 89 ／ 106 ／ 109 ／ 110 ／ 124 ／ 169 頁的圖畫都用上了墨繪的畫技。

在轉述那些哲學小故事的同時，我也希望能用一個較大格局的情節去一方面把那些小故事結合成一個單一的論述，一方面也呈現出一趟個體的旅程，乃至於個體在踏上靈性追尋之路時會歷經的掙扎。

在貓貓的旅程中，他邂逅了許多動物，而雖然他用一則又一則古老禪理故事的分享幫助了他們每一個，但他其實也是在幫助自己，因為生命其實都是相連在一起的整體，我們在施恩給他人的時候，其實也無可避免地施恩給了自己。

貓貓覺得要給予這些動物朋友建言並非難事，但自己要身體力行卻不是那麼簡單，甚至於到了故事的尾端，他還會開始不耐煩，連小貓在他眼裡都成為了自己得道的阻礙。但就像那句老話說的：

阻礙之所在，道路之所在。

小貓是貓貓最不想看到的東西，但也是他真正需要的東西。

在我自己的工作日中，我的一隻貓咪喜歡在我的工作區裡走過來，走過去，擋在我跟電腦螢幕中間，踏在我的畫稿上面，反正她就是無所不用其極地想引起我的注意。我常忍不住想把她關到門外——我有不能耽誤的重要工作要做！但這正是我需要的信差——她提醒了我要停下來摸摸她，把玩她小小的貓身體。終有一日她會離我而去，到時候我可不想一次次回想起自己是如何把她關在門外，只因為我得忙著畫畫。

所以這當中的禪理在哪兒？

就跟老虎的狀況很像，我們一不小心就會受到引誘，就會以為在通往平靜的道路上，少不了隱修、靜坐、求師與燒香。當然啦，這些事情也可以幫我們一點忙，但關於禪理，我覺得其最棒的一點就是它能賦予到個人身上的力量。你可以不假外力隨時開始，這一秒也行。

車水馬龍的嗡嗡背景音或老公寓外表那髒兮兮的混凝土牆壁，都有其獨特的美麗。正如大熊貓所說過，「俯拾皆有美景，但有時要看見並不容易。」

只要你能花哪怕區區三十秒鐘去真正感受你身上衣物的布料，或是聆聽你窗外的噪音，你就可以像書中的小猴一樣，被傳送到另外一款心境當中。只要你能哪怕短短一秒鐘，將你的心思喊停，讓感受與體驗接手，那你就已經與禪有了第一回的邂逅。

　　只要你能在記得的時候操持這樣的修行，那你的心中就會開始一次一點地進駐平靜。須知就算是專事修禪的僧侶也不可能終日都在打坐，他們大部分的時間是花在幹活兒上，但他們會試著一邊幹活兒，一邊懷著一種有意識、覺醒的心境。

　　若你只能從這本書中帶走一樣訊息，我會希望你試著記住：**好事往往誕生在乍看之下的壞事裡。**

　　蓮花在佛教裡有其獨特的意義——須知一塵不染的蓮花乃出身淤泥。

　　只要你能將這種觀念種在心裡，我相信你的人生一定會變得更加快意，因為它會把刺從每天來造訪我們的負面體驗上拔起。這並不容易，而且有些體驗真的痛苦到鋪天蓋地，以至於想說服自己那當中也有好處談何容易，但如果你能從小地方做起，慢慢地培養出這種習慣，那這習慣就會慢慢地改變你的世界觀，並有朝一日增加你的幸福感。

　　而如果本書中有任何觀念讓你覺得不是那麼確定，那都是好事——就像故事裡的老虎，困惑是你即將有所蛻變的第一個兆頭。

大人國 0013

走過，才知你的存在平凡又特別：
大小貓的相遇旅程

作者—詹姆斯・諾柏瑞 James Norbury｜譯者—鄭煥昇｜副總編輯—陳家仁｜企劃—洪晟庭｜封面設計—陳恩安｜內頁排版—李宜芝｜總 編 輯—胡金倫｜董 事 長—趙政岷｜出 版 者—時報文化出版企業股份有限公司／108019 台北市和平西路三段 240 號 4 樓／發行專線—（02）2306-6842／讀者服務專線—0800-231-705（02）2304-7103／讀者服務傳真—（02）2302-7844／郵撥—19344724 時報文化出版公司／信箱—10899 臺北華江橋郵政第 99 信箱／時報悅讀網—http://www.readingtimes.com.tw｜法律顧問—理律法律事務所 陳長文律師、李念祖律師｜印刷—華展印刷有限公司｜初版一刷—2023 年 12 月 1 日｜初版三刷—2024 年 8 月 14 日｜定價—新台幣 430 元（缺頁或破損的書，請寄回更換）

ISBN 978-626-374-512-4 ｜ Printed in Taiwan

走過, 才知你的存在平凡又特別 : 大小貓的相遇旅程 / 詹姆斯. 諾柏瑞 (James Norbury) 著 ; 鄭煥昇譯. -- 初版. -- 臺北市 : 時報文化出版企業股份有限公司, 2023.12 ｜ 176 面 ; 17×20.8 公分 . -- (大人國 ; 13) ｜譯自 : The cat who taught Zen ｜ ISBN 978-626-374-512-4(精裝) ｜ 224.515 ｜ 112017615